AF454779

PROJET

D'UNE HALLE CENTRALE,

PAR

CHARLES DUVAL,

ARCHITECTE.

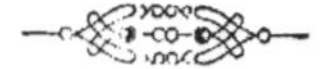

PARIS.

CHEZ L'AUTEUR, PASSAGE SAULNIER, 7.

—

1851

AVIS.

Les Plans en grand et les détails du Projet de la Halle centrale de M. CHARLES DUVAL, seront communiqués à son domicile, passage Saulnier, 7, aux personnes qui désireront en prendre connaissance.

PROJET

D'UNE HALLE CENTRALE,

PAR

CHARLES DUVAL,

ARCHITECTE.

———◆❈◆———

Depuis longtemps la nécessité de construire à Paris des Halles centrales, dignes de la capitale d'un grand pays, a été sentie et appréciée.

Le public, témoin des efforts qu'a faits l'Administration municipale, comprend que la réalisation d'une pensée si longuement élaborée ne saurait aujourd'hui se faire longtemps attendre.

Quelle que soit la solution, elle sera nécessairement prochaine; c'est donc le cas de se hâter, pour ceux qui croient avoir une idée utile à mettre en avant.

Deux projets sont en présence : le projet de M. Baltard, le projet de M. Horeau.

Je ne viens pas faire la critique des plans de ces messieurs. Je viens apporter un troisième projet, qui me paraît meilleur.

Ce projet me paraît meilleur, parce qu'il repose sur une idée simple, dont la justesse est de nature, du moins j'en ai la conviction, à frapper au premier abord, et à convaincre à la réflexion.

Jusqu'à ce jour, on a fait des plans de Halles centrales : je propose de ne faire qu'une seule Halle, de substituer, à la complication de bâtiments fatalement irréguliers, l'unité d'une grandiose construction.

L'Administration et le public apprécieront la valeur de ma proposition.

Dans la conception de mon projet de Halle centrale, je me suis proposé quatre buts :

1° Réunir autour d'un centre commun toutes les denrées, tous les comestibles, tous les objets de consommation qui forment l'approvisionnement des grandes Halles de la Capitale, au lieu de diviser ces Halles par des rues et des places publiques transversales, comme le font les deux anciens projets.

2° Mettre constamment à couvert, jour et nuit, les approvisionneurs, les vendeurs et les acheteurs.

3° Retirer entièrement de la voie publique le marché des Halles.

4° Pouvoir fermer, avec quelques tours de clef, les Halles centrales réunies.

Ces quatre pensées premières une fois arrêtées, j'ai cherché à harmoniser la position de ma Halle Générale, avec les monuments et les constructions particulières qui avoisinent les terrains déjà achetés par la ville de Paris. Je n'ai voulu déplacer en rien la position que ces Halles occupent depuis si long-temps dans un quartier qui leur convient si bien.

J'ai donc tracé une ligne d'axe arrivant d'un bout au milieu de la Halle au Blé; d'autre bout au milieu de la cour Batave, rue Saint-Denis, et parallèlement aux rues qui viennent y aboutir.

J'ai ensuite fixé sur cette ligne un point de centre, de manière à pouvoir décrire un cercle de 270 mètres de diamètre, tangent aux rues Saint-Honoré, de la Grande-Truanderie et Saint-Denis, en laissant suffisamment d'espace pour avoir au pourtour de la circonférence, des rues très-larges, et vers la rue Saint-Denis, la Halle au Blé, et l'église Saint-Eustache, de vastes places publiques, le tout avec de larges trottoirs et de belles plantations d'arbres.

Le cercle de construction, limité comme je viens de le décrire, est divisé en huit pavillons réguliers formant une *rose* tracée par huit rues droites couvertes, de 20 mètres de largeur.

Les huit rues droites rayonnent en aboutissant à une place publique circulaire de 70 mètres de diamètre, entourée d'une rue au pourtour de 20 mètres de largeur, le tout couvert, de sorte que les huit pavillons, les huit rues droites, celle circulaire et la place ne forment qu'un seul et même édifice, une seule et même Halle, véritable Bourse de consommation, bazar général d'approvisionnement digne au moins de la capitale du monde civilisé.

Les projets présentés jusqu'ici sont loin d'offrir les mêmes avantages.

Ils se composent de 3, 6 ou 8 pavillons irréguliers

placés par files et séparés entre eux par des rues ou
places étroites non couvertes et livrées à la circulation
générale. On aura beau faire, ces voies publiques
deviendront des succursales des Halles ainsi disposées
et non fermées. Les marchés continueront de se trouver
toujours en plein air, sans qu'on puisse porter remède
aux graves inconvénients qui en résultent pour la sûreté
de la circulation et la propreté dans cette partie de la
ville. Ce serait revenir aux Marchés protégés par des
auvents, dont les règlements de la voirie ont banni
l'usage depuis longtemps.

La Halle centrale placée comme je l'ai projeté,
occupe les terrains déjà acquis dans le but de cette
construction, et ceux appartenant à la Ville, comme
le marché des Innocents, la Halle aux Draps, la Halle
aux Poissons, celles aux Beurres, aux pommes de
terre, le marché à la verdure, etc., etc.

Il ne reste à acquérir que les misérables pâtés de
maisons compris entre les bouts des rues de la Ton-
nellerie et de la Lingerie et les autres pâtés de maisons,
également en mauvais état, qui se trouvent entre les
rues de la Ferronnerie, aux Fers, de la Cossonne-
rie, des Prêcheurs, de la Chanvrerie, Mondétour

et Pirouette jusqu'à la rue de la Grande-Truanderie.

La disposition des pavillons formant ma Halle centrale circulaire donne entre eux des communications directes, des rues Montmartre et Montorgueil à la rue Saint-Denis, de celle-ci à la rue Saint-Honoré et à la place Saint-Eustache, et de la rue de la Grande-Truanderie au quai de la Mégisserie à l'entrée de la rue Bertin Poirée, au moyen d'une rue nouvelle de 20 mètres de largeur traversant le prolongement de la rue de Rivoli projetée et qui servirait aux habitants de la rive gauche d'arrivée à ladite Halle centrale, sans avoir à passer par la place du Châtelet et le bout de la rue Saint-Denis, ou par la rue de la Monnaie, place et rues si souvent encombrées.

Deux autres rues parallèles à celle dont je viens de parler, prenant aussi leur entrée sur le quai de la Mégisserie, aux ouvertures des rues Thibautodé et des Lavandières, pourraient être percées jusqu'à la Halle centrale, ce qui assainirait parfaitement le quartier du Chevalier-du-Guet.

Chacun des huit pavillons de ma nouvelle Halle se compose d'une galerie à l'extérieur sur la grande cir-

HALLES CENTRALES DE PARIS,

Projet d'une Halle Centrale par CHARLES DUVAL, Architecte.

conférence, de pourtours consacrés à la vente et d'un centre ayant la même destination, le tout couvert, aéré et éclairé convenablement.

Sous chacun de ces pavillons est un étage souterrain ayant accès à voiture sur la voie publique, au moyen d'une double rampe en pente douce pour la descente et la montée des charrettes d'approvisionnement à remiser et des tombereaux servant à l'enlèvement des débris et résidus provenant des rez-de-chaussée, et qu'un simple balayage fera tomber par des regards réservés de distance en distance à cet effet.

Au-dessus de la jonction des doubles descentes des étages souterrains, sont établis des ponts pour donner passage vis-à-vis des vestibules donnant accès aux premiers étages.

Au milieu des centres de chaque pavillon est un escalier à double descente pour se rendre à l'étage souterrain et arriver à pied aux serres réservées. Ces serres serviront à la réserve des marchandises non vendues ou des marchandises vendues et à livrer.

Un premier étage est établi au-dessus des galeries

extérieures du rez-de-chaussée de chaque pavillon en façade sur la circonférence du grand cercle des constructions.

Chacun de ces étages aura 86 mètres 7 centimètres de longueur développée sur 7 mètres de largeur et 5 mètres de hauteur.

Ces étages serviront aux écoles communales, aux salles de réunions, aux salles-chauffoirs, aux logements et bureaux des directeurs, administrateurs, commissaires, commis, inspecteurs, surveillants et autres employés de l'administration de la Halle centrale; on y arrivera par de larges et beaux escaliers ayant leur entrée par les vestibules des galeries.

La distribution des étages souterrains, des rez-de-chaussée et des premiers étages des huit pavillons, est faite de manière à répondre à tous les besoins des services par les dispositions grandioses qu'elle comporte.

Le premier pavillon est consacré aux poissons de mer, d'eau douce et aux coquillages;

Le second, à la charcuterie, aux abats, volailles et gibier.

Le troisième, à la boucherie et à la triperie ;

Le quatrième, aux beurres, œufs et fromages ;

Les cinquième, sixième, septième et *huitième* pavillons, ainsi que *les galeries* extérieures au pourtour du grand cercle et la *place circulaire*, aux légumes et verdures.

Je crois devoir borner ici ma description quant à l'ensemble du monument ; les plans en grand et les devis indiqueront la manière dont doivent être disposés les combles et l'écoulement facile des eaux pluviales, l'aération et le jour convenable à ce genre de construction, ainsi que la distribution détaillée de chaque étage, les calorifères, les réservoirs des fontaines à eaux jaillissantes, les cabinets publics et les *urinoirs-bornes-fontaines-candélabres* dont j'ai précédemment présenté un nouveau modèle à l'Administration.

Mais il est important de parler des dimensions des Halles centrales réunies en une seule telles que je les conçois.

Mon projet est dans un cercle de 135 mètres de rayon, 270 mètres de diamètre ; il a une circonférence de

848 mètres et contient une superficie générale de 57,278 mètres ; les soubassements comportent 54,971 mètres ; les premiers étages, 4,819 mètres 92 centimètres ; l'ensemble de l'espace occupé est de 97,068 mètres 92 centimètres.

Voici, au surplus, un détail qui fera connaître les superficies partielles comprises dans toute l'étendue des constructions.

	m	c	m	c	m	c
La place circulaire					3,850	.000
La rue circulaire					5,657	.000
Une rue droite	1,600	.000				
Les huit rues droites					12,800	.000
Une galerie extérieure d'un pavillon	602	.490				
Les huit galeries extérieures			4,819	.920		
Les pourtours d'un pavillon	3,030	.000				
Les huit pourtours			24,240	.000		
Le centre d'un pavillon	738	.885				
Les huit centres			5,911	.080		
Superficie d'un pavillon	4,371	.375				
Superficie des huit pavillons			34,971	.000	34,971	.000
Superficie générale de la construction					57,278	.000
Le soubassement d'un pavillon			4,371	.375		
Les huit soubassements					34,971	.000
Un premier étage			602	.490		
Les huit premiers étages					4,819	.920
Total général des espaces					97,068	.920

Les 34,971 mètres superficiels de soubassements contiennent toutes les charrettes d'approvisionnement et tous les chevaux, les serres réservées pour les marchandises non vendues, les caves nécessaires aux logements, les calorifères indispensables pour chauffer toutes les pièces des premiers étages, et dans les jours rigoureux les salles-chauffoirs ménagées à cet effet.

J'ai déjà fait remarquer que mon projet s'adapte parfaitement avec les propriétés appartenant à la ville de Paris et les expropriations faites par elle, dans le but de la construction des Halles centrales.

Les terrains déblayés devant Saint-Eustache, en regard de la Halle au Blé, permettent de commencer de suite les constructions.

Pendant que l'on s'occupera de la construction d'un premier pavillon, on préparera l'emplacement nécessaire pour l'édification d'un autre pavillon, et ainsi de suite pendant quatre ans, temps nécessaire et suffisant pour livrer l'ensemble de l'édifice, la démolition s'opérant successivement d'année en année.

Voici les dépenses à faire pour l'édification de mon projet.

Expropriation d'immeubles. . . . . ⎫
Expropriation de locations. . . . . ⎬ 26,758,200 fr.
Constructions. 8,000,000
____
Total général de la dépense à faire. 34,758,200 fr.

On voit que le chiffre de 34,758,200 francs est bien peu élevé, comparativement au chiffre de dépenses, qu'entraîneraient nécessairement les autres projets.

Il est aisé de s'expliquer cette différence.

1° Les expropriations à faire pour l'exécution de mon Projet ne sont que de 38,226 mètres superficiels, tandis que les expropriations à opérer pour l'exécution du projet de M. Horeau ne comportent pas moins de 55,963 mètres superficiels, ce qui, calculé au même taux, augmente déjà la dépense de 12,415,900 francs.

2° Les constructions à réaliser par M. Horeau coûteront plus cher que les miennes. Il évalue la dépense à 11 millions. Ma dépense ne monte qu'à huit; et cependant tout le monde devra convenir que l'effet artistique et les avantages d'un seul monument circulaire l'emportent de beaucoup sur le système des constructions diverses et isolées.

Qu'on se figure ma Halle centrale circulaire, construite en pierres et en fer, laissant d'un côté une belle place carrée de 10,000 mètres superficiels plantée d'arbres, la fontaine des Innocents au milieu, ayant au nord la magnifique église Saint-Eustache, avec sa principale façade entièrement découverte; au sud la rue des Prouvaires qui fait face à son beau portail; à l'ouest la Halle au Blé dégagée, et de l'autre côté de la Halle Centrale sur la rue Saint-Denis, deux places triangulaires avec corps de garde au milieu, l'on aura une idée de mon plan d'ensemble.

Je crois que tous ceux qui prendront la peine de réfléchir sur le projet dont je viens d'essayer de présenter l'analyse, reconnaîtront qu'il satisfait à toutes les conditions, et notamment à celles de *salubrité*, de *sécurité* et d'*humanité*.

Salubrité, car il fait disparaître en les réunissant dans un seul cercle monumental clos et couvert, les embarras et les amoncellements qui encombrent et déshonorent aujourd'hui Paris, dans le quartier des Halles.

Sécurité, car il permet de fermer avec quelques tours de clef ce grand bazar d'approvisionnements.

Humanité, car il met à l'abri des accidents et de la circulation publique, comme il protége contre les intempéries des saisons, les acheteurs, les vendeurs et les approvisionneurs, ces laborieux habitants de la banlieue et des campagnes voisines qui concourent, nuit et jour, avec une nuée d'employés et de marchands de toutes denrées, à l'alimentation de la grande ville.

CHARLES DUVAL, *architecte*.

Paris. — Imprimerie de Mme Ve Dondey-Dupré, rue Saint-Louis, 46, au Marais.

www.ingramcontent.com/pod-product-compliance
Lightning Source LLC
LaVergne TN
LVHW011505170726
843501LV00009B/3608